NANCY DOYON
coach familial

Non à L'INTIMIDATION

J'apprends à m'affirmer

Catalogage avant publication de Bibliothèque et Archives nationales du Québec et Bibliothèque et Archives Canada

Doyon, Nancy, 1971-
　Fini l'intimidation : j'apprends à m'affirmer
　(SOS Nancy)
　Pour enfants de 8 ans et plus.
　ISBN 978-2-923827-18-6
　1. Intimidation - Ouvrages pour la jeunesse. 2. Assertivité - Ouvrages pour la jeunesse. I. Boudreault, Frédéric. II. Titre. III. Collection: SOS Nancy.

BF637.B85D69 2011　　　　　j302.34'3　　　　　C2011-942134-8

Auteure : Nancy Doyon
Illustrations : Frédéric Boudreault
Photographie de l'auteure : Éditions Midi trente
Édition et conception graphique : Éditions Midi trente

Tous droits réservés
© Éditions Midi trente
650, av. Monk, Québec (Québec) G1S 3M3
www.miditrente.ca

ISBN : 978-2-923827-18-6
Imprimé au Canada

Dépôt légal : 4ᵉ trimestre 2011
Bibliothèque et Archives nationales du Québec
Bibliothèque et Archives du Canada

Tous droits de traduction, d'édition, d'impression, de représentation et d'adaptation, en totalité ou en partie, réservés pour tous les pays. La reproduction d'un extrait quelconque de cet ouvrage, par quelque procédé que ce soit, tant électronique que mécanique, notamment par photocopie ou par microfilm, est strictement interdite sans l'autorisation écrite de la maison d'édition.

« Personne ne peut vous diminuer sans que vous y consentiez. »

Eleanor Roosevelt

TABLE DES MATIÈRES

9	Introduction
11	**Chapitre 1** L'intimidation, qu'est-ce que c'est ?
17	**Chapitre 2** Les formes de violence auxquelles tu peux être confronté
29	**Chapitre 3** L'intimidation, ça touche qui ?
37	**Chapitre 4** Les effets de l'intimidation
41	**Chapitre 5** Les « acteurs » de l'intimidation
49	**Chapitre 6** Les mauvaises façons de réagir
59	**Chapitre 7** Qu'est-ce que l'affirmation de soi ?
67	**Chapitre 8** Un rempart contre l'intimidation : les amis
85	**Chapitre 9** Quand malgré tout, la violence s'insinue
111	Conclusion

INTRODUCTION

Tu as peut-être déjà été confronté à des situations de violence, à de l'intimidation, à des moqueries ou à du rejet. Si c'est le cas et que tu en as parlé à un adulte, il est possible qu'on t'ait répondu de laisser faire ou d'ignorer les paroles blessantes. Mais est-ce que ça veut dire que tu dois « te laisser faire » et subir cette violence ? D'autres te diront de réagir : « Vas-y ! Défends-toi ! » D'accord, mais comment ? En ripostant de façon agressive ? En menaçant et en insultant ceux qui se moquent de toi ? Tu sais très bien que si tu utilises ces tactiques, tu risques plutôt de t'attirer des ennuis et des conséquences indésirables. Que faire alors ?

Ce livre a été conçu précisément pour te donner des outils et te suggérer des idées positives pour te défendre efficacement contre l'intimidation, mais aussi pour t'aider à développer ton aptitude à t'affirmer sainement et de manière convaincante. Tu pourras ainsi éviter d'être une victime passive. Voici donc ce qui t'attend dans les pages qui suivent : tu apprendras ce que sont l'intimidation et les autres formes de violence, tu verras aussi comment éviter d'être la victime parfaite en apprenant à **t'affirmer**, comment te faire et garder des amis et enfin, comment réagir à l'intimidation sans utiliser toi-même la violence.

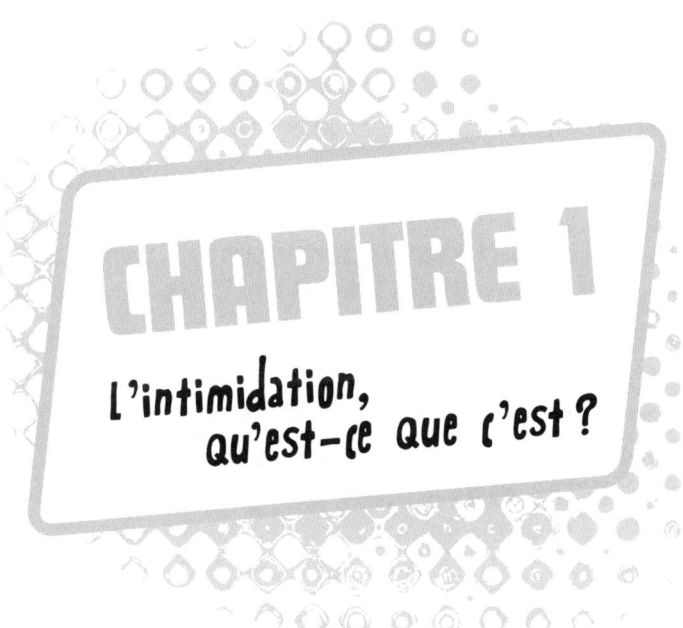

CHAPITRE 1
L'intimidation, qu'est-ce que c'est ?

Commençons avec une définition. (Eh oui, une définition… comme à l'école ! Mais elle sera brève, c'est promis.)

> L'intimidation est une forme de **violence sociale** surtout observée en milieu scolaire, caractérisée par la **domination** d'un individu sur un autre au moyen d'**actes répétés** d'agression verbale, physique ou psychologique à son endroit.*

*Office québécois de la langue française, 2002.

L'intimidation peut prendre plusieurs formes : taquineries abusives, humiliations, menaces, violence, exclusion ou rumeurs malveillantes.

En fait, l'intimidation, c'est quand la violence, peu importe sa forme, est devenue régulière. C'est quand une ou plusieurs personnes s'acharnent sur toi, se moquent **RÉGULIÈREMENT** de toi, tentent de te faire peur, de te dominer et de te faire sentir petit et vulnérable. Ce sont des coups, des insultes, des menaces directes ou indirectes, des moqueries, des commérages ou du rejet **RÉPÉTÉS**, dans le but de te **FAIRE PEUR** ou d'exercer un **POUVOIR** sur toi, bref, de te « démolir ».

On dit que **15 % à 20 %** de l'ensemble des élèves sont susceptibles d'être confrontés à une forme d'intimidation, quelle qu'elle soit, durant leurs années scolaires. C'est énorme !

L'intimidation n'est pas simplement une période passagère dans la vie d'un individu. Pour plusieurs jeunes, la souffrance et l'humiliation engendrées par ce phénomène persistent au fil des années. La personne ne souffre pas seulement de violence, mais aussi d'isolement, de solitude et de rejet. Voilà pourquoi il est très important d'y mettre fin aussi vite que possible.

Donc, l'intimidation, ce n'est pas...

* une simple blague à ton sujet, même si elle te fait de la peine;

* un surnom moqueur que tes amis emploient pour te taquiner;

* une chicane ou une bagarre avec un autre élève;

* un copain qui n'a pas envie de jouer avec toi aujourd'hui;

* quelqu'un qui a parlé dans ton dos une fois ou deux.

Mais l'intimidation, ce peut être...

* lorsque tout le monde refuse de jouer avec toi, **tous les jours**, ou lorsque des jeunes refusent que tu t'asseyes près d'eux;

* quand quelqu'un te **menace** régulièrement de te frapper ou de s'en prendre à toi;

* lorsque quelqu'un raconte des ragots ou des mensonges à ton sujet dans l'**intention** de te faire passer pour un idiot;

* quand quelqu'un trouve une façon subtile de te faire sentir « petit », vulnérable et seul. Quand il prend plaisir à te faire de la peine et à avoir du **pouvoir** sur toi;

* quand les membres d'une gang te font **régulièrement** des mauvais coups et s'amusent à tes dépens;

Marc-Antoine se fait voler ses vêtements à chaque cours d'éducation physique. Il les retrouve toujours cachés à divers endroits. La semaine dernière, il a retrouvé son pantalon dans la toilette. Sa mère lui a finalement donné un cadenas pour verrouiller son casier, mais c'est maintenant sa boîte à lunch qui disparaît régulièrement. On a même caché son manteau, sa casquette et son sac d'école.

* et enfin, ce peut être de la « cyberintimidation » : cela se produit quand des jeunes se servent d'Internet pour envoyer des messages de menace ou colporter de fausses rumeurs. Parfois, il arrive que la victime ne sache pas de qui proviennent les messages, ce qui rend la situation encore plus stressante.

> Maude est en première secondaire. Elle est récemment sortie avec un garçon qu'elle aimait bien. Mais l'ancienne copine de celui-ci n'a pas aimé cela et s'est mise à colporter toutes sortes de rumeurs sur elle en disant qu'elle prenait de la drogue et qu'elle était une « fille facile ». La semaine dernière, quelqu'un a publié sur le portail Internet de l'école un texte très vulgaire en faisant croire que c'était Maude qui l'avait écrit, ce qui lui a causé des ennuis avec la direction.

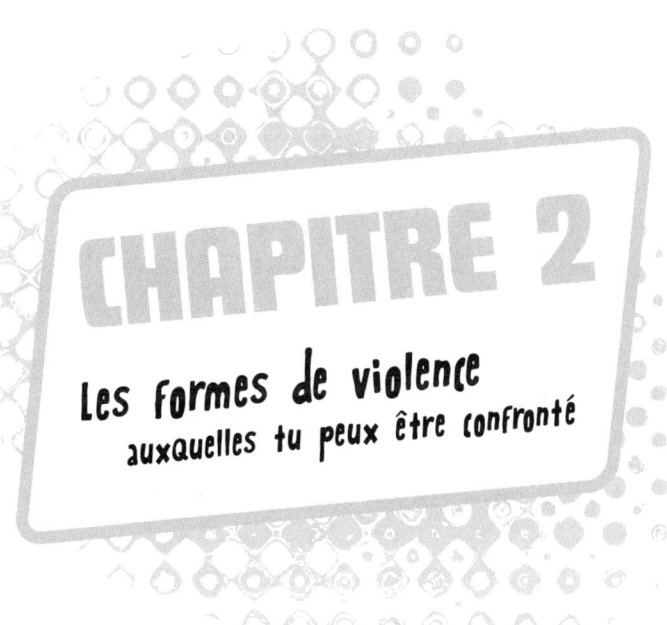

CHAPITRE 2
Les formes de violence auxquelles tu peux être confronté

En somme, l'intimidation est une forme de violence. Et là encore, il en existe plusieurs formes.

La violence peut être DIRECTE.

On s'adresse directement à toi, on te fait mal ou on te menace clairement et directement.

> Souvent, quand Lydia s'assoit dans l'autobus, Justin et Caroline viennent s'asseoir derrière elle et s'amusent à lui tirer les cheveux ou à lui jeter des ordures. Quand elle leur dit d'arrêter, c'est encore pire. Ils se moquent méchamment de tout ce qu'elle dit.

La violence peut aussi être INDIRECTE.

Les agressions sont plus subtiles, déguisées. Les exemples sont nombreux : parler dans le dos de quelqu'un, inventer des rumeurs, écrire des commentaires sur Internet et les réseaux sociaux, s'organiser pour que la victime passe pour une idiote.

> Rosalie n'aime pas Juliette. Elle parle souvent dans son dos et elle dénigre toutes les petites choses qu'elle fait en disant qu'elle se « pense bonne » et qu'elle « n'est pas intelligente ». Elle manipule ses amies de sorte qu'elles détestent Juliette elles aussi. Elle dit même que si une de ses amies ose lui parler, elle sera exclue du groupe.

Quelle soit directe ou indirecte, la violence peut prendre toutes les formes suivantes :

LA VIOLENCE VERBALE

Ça, c'est quand les autres te disent volontairement des choses dans le but de te blesser ou de te faire peur. Ils utilisent alors les menaces, les insultes, les moqueries répétées, les commentaires sexistes, racistes ou homophobes, les réponses agressives ou vulgaires.

Violence verbale directe

Antoine a de la difficulté à l'école. Plusieurs enfants l'appellent « l'ortho », parce qu'il est suivi par une orthopédagogue. Cela blesse beaucoup Antoine, mais il n'ose pas réagir.

Violence verbale indirecte

Récemment, une page Facebook a été créée afin d'insulter et de menacer une jeune fille. La page s'intitulait « Qui veut *péter* la gueule de... » et elle comportait plusieurs commentaires agressifs, des menaces, des insultes et des ragots. (Les initiateurs de cette page ont été arrêtés et ils ont dû faire face à la justice.)

Coralie et Anne-Marie étaient amies, mais elles se sont querellées. Depuis ce temps, Coralie fait comme si Anne-Marie n'existait pas. Dès qu'elle ouvre la bouche pour parler, Coralie lui coupe la parole et parle comme si elle n'avait pas entendu son ancienne amie. Au dîner, lorsque Anne-Marie vient s'asseoir à la table, Coralie fait des remarques comme : « Beurk! Ça pue ici tout à coup! » Si la surveillante intervient, elle dit alors qu'elle ne visait personne avec un sourire moqueur. Cette semaine, elle a écrit sur Facebook un secret très intime qu'Anne-Marie lui avait confié alors qu'elles étaient amies.

LA VIOLENCE PSYCHOLOGIQUE

Cette forme de violence est souvent plus difficile à voir, car ce sont plusieurs petites choses subtiles qui te font sentir petit, qui brisent progressivement ton estime personnelle ou qui te font peur. Il peut s'agir de mépris, de rejet, d'exclusion… Cela arrive aussi lorsqu'on se sert de quelqu'un comme bouc émissaire. Parfois, le geste posé n'est pas vraiment inadéquat, mais si l'objectif est de se moquer de toi, de te faire sentir mal ou de te faire de la peine, c'est alors une forme de violence.

Violence psychologique plus ou moins directe

Parfois, la violence et l'intimidation sont tellement subtiles qu'il devient difficile pour les adultes d'intervenir.

Depuis la maternelle, Jean-Sébastien a pris Mathis comme bouc émissaire. Il passe ses journées à empoisonner son existence et à tenter de le ridiculiser. Il a pourtant, à de nombreuses reprises, subi des conséquences négatives en lien avec ses gestes. Mais plutôt que de cesser son manège, il a simplement affiné ses tactiques. Par exemple, si Mathis fait un dessin, il renverse son jus dessus en faisant mine de ne pas l'avoir fait exprès. À la récréation, il fait semblant de lancer le ballon à son ami, mais il s'organise pour atteindre sa victime, puis jure ne pas l'avoir fait exprès. Il va parfois s'asseoir près de lui et fait semblant d'être gentil. Lorsque Mathis lui dit de lui ficher la paix, il va pleurnicher à l'adulte en disant être victime de rejet! Et chaque fois qu'il arrive quelque chose dans sa classe, ses amis et lui tentent de faire passer ça sur le dos de Mathis. Un objet a disparu? Un membre du groupe de Jean-Sébastien a vu Mathis le voler! Un objet est brisé? Quelqu'un a vu Mathis le casser volontairement! Quelqu'un se fait mal au soccer? C'est encore Mathis!

Béatrice prend des cours de guitare le midi à l'école. Toutefois, toutes les filles de son groupe sont plus âgées qu'elle, ce qui l'intimide un peu. Comme elle porte un joli manteau rouge, deux jeunes filles se sont mises à la surnommer « Le Petit Chaperon rouge ». Cette remarque n'a rien de méchant en soi et aurait pu être simplement amusante. Mais tout le groupe s'est rapidement mis à harceler la jeune fille tous les jours en lui demandant où est son panier, qui est le méchant loup et ainsi de suite. Béatrice voit bien les sourires moqueurs et les regards méprisants. Et plus elle semble gênée, plus les filles du groupe en rajoutent.

Violence psychologique directe

Chaque fois qu'Alexis entre dans la classe ou passe près d'un groupe, tous s'écartent rapidement en criant « Beurk ! » ou « Raid ! » et en faisant semblant d'asperger le garçon d'aérosol contre les moustiques. Certains l'appellent la limace ou l'insecte. Un jour, des jeunes ont placé des vers de terre dans son bureau en disant : « Tiens, voilà tes amis. Ce sont les seuls qui voudront de toi ! »

LA VIOLENCE PHYSIQUE

Chaque fois que quelqu'un te fait mal délibérément, que ce soit un peu ou beaucoup, c'est de la violence physique. La personne qui intimide peut bousculer, faire des « jambettes », tirer les cheveux, donner des coups de pied ou de poing, taper, mordre ou même initier des batailles. La violence physique est presque toujours directe.

Sophie est amoureuse de Tristan. Elle est sa blonde depuis deux mois. La plupart du temps, Tristan est gentil avec elle mais, parfois, quand ils sont en désaccord, Tristan prend le bras de Sophie et serre très fort, jusqu'à ce qu'elle le supplie d'arrêter parce que ça fait mal. Il dit alors qu'elle n'a qu'à faire attention de ne pas le faire fâcher.

LE TAXAGE

C'est lorsque des jeunes, généralement plus forts ou plus nombreux que toi, t'obligent à leur « donner » quelque chose qui t'appartient en te menaçant et en te faisant peur.

> Marie-Agnès et sa bande entourent et bousculent Corine. Ils la menacent de la frapper si elle ne leur remet pas de l'argent. Comme elle n'a rien sur elle, la bande lui ordonne d'en apporter le lendemain, sans quoi elle aura une raclée. Ils lui disent aussi que si elle en parle, ce sera pire ! Apeurée, Corine ne dit rien à ses parents et donne tout son argent de poche à la bande. Comme ils en redemandent presque chaque jour, Corine en vient à voler ses parents et finit par se faire prendre et être punie. La deuxième fois qu'elle se fait prendre, elle avoue enfin ce qui se passe à ses parents.

LA VIOLENCE SEXUELLE

Cela arrive quand quelqu'un, que ce soit un adulte ou un jeune de ton âge, te fait ou t'oblige à faire quelque chose en lien avec la sexualité alors que tu ne veux pas. Cela peut se manifester par des blagues déplacées, des touchers inappropriés (aux seins ou aux parties génitales, par exemple), du harcèlement (si quelqu'un te demande de faire quelque chose que tu ne veux pas) ou même aller jusqu'à l'agression sexuelle.

> Marie-Julie sort avec Olivier depuis trois semaines. Celui-ci veut l'embrasser, mais elle n'a pas le goût. Hier, alors qu'ils jouaient ensemble, Olivier lui a donné un baiser de force et lui a caressé un sein. Quand Marie-Julie a raconté sa mésaventure à son amie, celle-ci lui a répondu qu'elle devait faire ce que son copain lui demandait. L'amie de Marie-Julie a tort. Personne n'a le droit de te forcer à l'embrasser ou le caresser, qu'il soit ton amoureux ou non, et ce, même si tu as déjà accepté dans le passé.

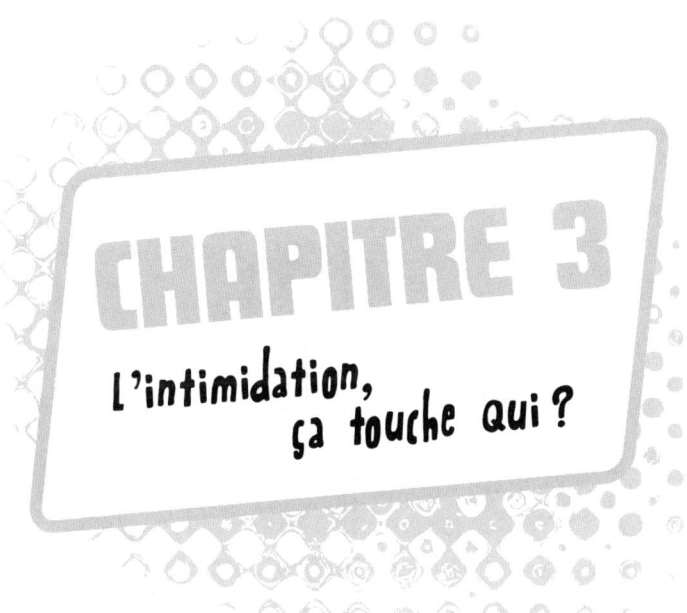

CHAPITRE 3
L'intimidation, ça touche qui ?

Qu'est-ce qui peut attirer les moqueries, les railleries et le rejet ?

Presque tous les jeunes se font, un jour ou l'autre, narguer pour quelque chose. Parfois, c'est à cause d'un prénom rare, comique, bizarre ou avec lequel on peut faire des jeux de mots.

Marianne la banane

Mathéo est un ortho

Mathieu le péteux

Olivier le gros nez

Juliette la bobette

Les moqueries peuvent aussi être reliées à une caractéristique physique de la personne : trop GROS, trop GRAND, trop petit, trop mince, trop grand nez, des lunettes, des yeux qui louchent et ainsi de suite.

L'habillement peut attirer les commentaires : trop grand, trop petit, pas à la mode, d'une propreté douteuse...

Les différences raciales ou culturelles, comme la couleur de la peau ou la religion suscitent bien des sarcasmes.

> Léandra est une jolie jeune fille à la peau noire. Dans sa classe, elle se fait souvent taquiner par les autres qui lui disent qu'elle est « faite en chocolat ».

Le fait d'être le meilleur de la classe (ou celui qui a le plus de difficultés scolaires) peut être source de blagues douteuses.

Enfin, il y a aussi le fait de pratiquer un sport ou une activité peu commune.

Presque n'importe quelle différence peut attirer les moqueries et ça peut arriver à n'importe qui. Il ne faut pas craindre ces mauvaises plaisanteries, ni chercher à plaire à tout le monde. Mais quand les blagues prennent trop d'importance, si elles sont très fréquentes et deviennent vraiment méchantes, c'est alors de **L'INTIMIDATION.**

Les paroles s'envolent, les écrits restent...

Fais très attention à ce que tu écris sur Internet et les réseaux sociaux. Évite à tout prix de publier des messages contenant des paroles vulgaires, des sacres, des menaces ou des messages haineux. Tout le monde n'a pas à savoir qui tu détestes et pourquoi. Écrire quelque chose sous le coup de la colère peut t'apporter des ennuis par la suite. Les personnes visées peuvent même porter plainte à la police. Par ailleurs, tu voudras peut-être un jour retirer ce que tu as écrit, mais il sera trop tard. Fais aussi attention à ne pas afficher des photos de toi dans des tenues suggestives  (sexy) ou dans une situation dont tu pourrais être gêné plus tard... Plusieurs employeurs font leur petite enquête sur Internet afin d'en connaître davantage sur la personnalité de ceux qu'ils emploient !

L'intimidation n'est pas qu'une affaire d'enfants !

Malheureusement, il peut aussi arriver que ce soit un adulte qui te fasse vivre de l'intimidation. Un coach, un enseignant ou un voisin peut multiplier les remarques désagréables à ton endroit, faire preuve de violence psychologique ou abuser de son pouvoir. Ces adultes doivent aussi être dénoncés, car la violence répétée peut nuire énormément à ton estime personnelle.

Quand j'étais au secondaire, un professeur de mathématiques avait l'habitude de s'en prendre aux élèves les plus faibles et de les ridiculiser devant le groupe pour faire rire les autres. Quand un élève ne comprenait pas, il le traitait de « nono » ou lui disait qu'il avait du Jell-O à la place du cerveau. Des amis et moi avons pris en note les paroles blessantes qu'il a prononcées et nous avons porté plainte à la direction. Il a été congédié.

> Après une querelle entre sa fille et une autre élève, une maman s'est présentée à l'école et a empoigné la rivale de sa fille par le bras avant de lui crier des menaces et des insultes : « Petite garce ! Ne t'avise plus jamais d'adresser la parole à ma fille, sinon tu auras affaire à moi ! » La jeune fille a été profondément bouleversée par cet événement.

L'intimidation et le règne du silence

Malheureusement, plusieurs enfants victimes d'intimidation ne parlent pas de ce qu'ils vivent. Ils ont peur d'être vus comme des rapporteurs (des *stools*), peur d'être jugés par l'adulte ou de ne pas être crus, peur d'avoir l'air faibles ou même de se faire chicaner. Parfois, certains jeunes n'osent pas en parler parce qu'ils craignent que la situation empire si un adulte intervient. Il arrive aussi que le jeune ait déjà tenté de parler de ce qu'il vivait, mais sans avoir été vraiment écouté. Il se peut même que malgré tout, l'intimidation ait continué après qu'un adulte soit intervenu. Il se dit alors que ça ne sert à rien d'en parler.

Ce silence plaît bien aux intimidateurs. Cela leur procure davantage de pouvoir et ils peuvent continuer leur jeu sans subir de conséquences. Mais l'enfant qui ne parle pas de ce qu'il vit reste seul avec son secret. Il souffre en silence et se sent encore plus vulnérable, plus petit.

SI TU VIS DE L'INTIMIDATION, TU DOIS ABSOLUMENT EN PARLER !

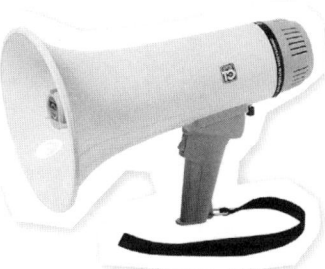

Parle à tes parents, à une tante, à un éducateur ou à un enseignant en qui tu as confiance. Si cet adulte ne t'écoute pas, parle à quelqu'un d'autre et dis-le **CHAQUE FOIS** que tu vis une situation. Ne reste pas tout seul avec ce que tu vis ! Si tu as du mal à en parler, écris ce qui t'arrive et remets ta lettre à un adulte compréhensif.

L'intimidation, c'est un peu comme des ordures qu'on nous jette. Si on les garde enfouies à l'intérieur, elles risquent de pourrir et d'empester de plus en plus. Tu te sentiras alors de plus en plus mal ! Débarrasse-toi de ces ordures, confie-les à quelqu'un en qui tu as confiance.

CHAPITRE 4
Les effets de l'intimidation

L'intimidation peut avoir des effets dévastateurs… et pas seulement à court terme ! Voici ce qui pourrait t'arriver si tu te laisses faire…

✱ À force d'être constamment la cible de moqueries et de rejet, tu peux avoir l'impression que les autres ont raison et que tu ne vaux rien. Ton estime personnelle risque de diminuer progressivement. Tu peux te sentir petit, faible, peu intelligent et même penser que tu mérites ce que les intimidateurs te font vivre.

> Olivier est victime de rejet et d'intimidation depuis plusieurs mois, voire quelques années… Dernièrement, il s'est mis à faire le clown en classe (au risque d'être puni!), car ses blagues font rire les autres et il se sent alors un peu plus accepté. Par contre, il ne sait pas si les autres le trouvent vraiment drôle ou s'ils se moquent encore de lui.

* Tu peux en venir à ne plus savoir comment te comporter avec les autres. Tu ne sauras plus comment te faire accepter, car peu importe ce que tu fais, on dirait que ce n'est jamais la bonne chose!

> Lydia ne sait plus que faire lors des travaux d'équipe. Elle sent bien que personne ne veut d'elle, car elle a fait face à de très nombreux rejets. Donc, chaque fois que l'enseignante demande aux élèves de se placer en équipe pour un travail, elle reste à sa place sans rien faire, puis demande si elle peut travailler seule. L'enseignante lui reproche parfois de ne pas être sociable et elle la force à rejoindre une équipe. Elle se sent alors humiliée de devoir aller vers ceux qui la rejettent depuis si longtemps. Les membres de la direction ont dit à ses parents que c'est sa faute si elle est victime d'intimidation puisqu'elle ne tente pas d'aller vers les autres. Mais Lydia en a assez de se faire rejeter constamment et préfère rester seule afin de ne plus être blessée.

* À force de te sentir agressé et rejeté, il se peut que tu trouves des façons de te protéger. Ces mécanismes de protection peuvent prendre diverses formes :

L'ÉVITEMENT

C'est lorsque la personne essaie d'échapper aux situations difficiles. Par exemple, le jeune qui est victime d'intimidation peut refuser de faire les travaux d'équipe, tenter d'éviter d'aller dehors à la récréation, faire semblant d'être malade lors des cours d'éducation physique ou carrément refuser d'aller à l'école.

LA CONTRE-ATTAQUE

C'est lorsque l'enfant devient lui-même agressif et réagit de façon excessive à tout ce qui se passe. Il arrive aussi que certaines victimes se mettent à intimider des plus faibles ou cherchent la bagarre.

LE REFOULEMENT

L'enfant fait alors semblant que ce qui arrive ne l'atteint pas. Il garde tout à l'intérieur et « explose » généralement une fois arrivé chez lui. Il fait alors subir sa mauvaise humeur à ses parents ou à ses frères et sœurs.

Quelle que soit sa forme, l'intimidation

FAIT TOUJOURS MAL.

Chaque fois que tu subis de nouvelles moqueries, la blessure devient plus douloureuse.

ON NE S'HABITUE PAS

à l'intimidation.

Si tu en es victime, rappelle-toi que

TU NE MÉRITES PAS

ce que les autres te font.

TU DOIS EN PARLER

et tout faire pour t'en sortir.

CHAPITRE 5
Les « acteurs » de l'intimidation

L'AGRESSEUR

Pourquoi certains jeunes intimident-ils les autres ? En fait, l'intimidateur est souvent un jeune qui a une faible estime de lui-même. Le fait d'avoir du pouvoir sur quelqu'un d'autre lui donne un sentiment de puissance. Il se sent alors fort, *cool* et il aime l'image de dur à cuire qu'il projette. Au fond, il ressemble un peu à un poussin qui se serait déguisé en lion. Il a l'impression que les autres l'admirent. Il se trompe, car ses « amis » sont rarement de vrais amis. Ce sont plutôt des jeunes qui ont peur de devenir eux-mêmes des victimes s'ils ne se rangent pas de son côté. Cet intimidateur est méchant presque uniquement quand il a un « public » pour le regarder.

Parfois, l'intimidateur est un enfant trop gâté par ses parents, un « enfant roi » égoïste, qui a peu d'empathie pour les autres. Celui-là veut toujours être le centre de l'attention. Il souhaite rire et s'amuser, peu importe que cela fasse de la peine à quelqu'un. C'est SON plaisir qui est important et c'est tout.

Il arrive aussi que celui qui intimide les autres soit un jeune qui vit une situation qui le fait beaucoup souffrir et qui rejette sa colère sur des personnes vulnérables. Inconsciemment, c'est une façon pour lui de soulager sa profonde tristesse.

Antoine a été plusieurs fois suspendu de l'école pour avoir fait de l'intimidation. L'année dernière, ses parents se sont séparés et sa mère n'a pas voulu la garde de son fils, prétextant qu'il était trop tannant. Souvent, lorsqu'il devait aller chez elle, elle trouvait un prétexte à la dernière minute pour refuser de le prendre (elle disait qu'elle était malade, que sa voiture ne fonctionnait pas, qu'elle n'avait pas assez d'argent, etc.). Antoine se sentait rejeté par sa mère et sa tristesse s'était transformée en agressivité. À l'école, il narguait les professeurs et cherchait constamment la bagarre. Quand il a pu exprimer les émotions qui pourrissaient en lui et qu'il a réalisé qu'il se « vengeait » sur les mauvaises personnes, il a cessé progressivement d'intimider les plus faibles. Mais il a trouvé cela difficile, car ses « amis », qui étaient eux aussi des intimidateurs, l'ont rejeté et il est devenu à son tour la cible des moqueries. Avec le temps, Antoine s'est fait de nouveaux amis et il a appris à s'affirmer sans utiliser la violence. Il est maintenant très fier du chemin parcouru.

Dans d'autres situations, l'intimidation découle simplement d'un conflit entre deux personnes qui en sont venues à se détester. L'une d'entre elles, par vengeance, cherche délibérément à faire de la peine à l'autre.

Finalement, il arrive que l'intimidateur soit quelqu'un qui a vécu de l'intimidation lui-même et qui ne sait pas comment faire pour ne plus être victime autrement qu'en se transformant à son tour en agresseur. Cet intimidateur se sent habituellement très mal dans sa peau, car il est conscient du mal qu'il fait aux autres et il se sent parfois coupable.

La victime

Comment les intimidateurs choisissent-ils leurs victimes ? En général, ils s'en prennent à ceux qu'ils perçoivent comme des victimes faciles :

* ceux qui ont peu d'amis ;

* les enfants timides et réservés, qui risquent peu de riposter ou de se défendre ;

* un nouvel élève dans l'école qui n'a pas encore de réseau social ;

* quelqu'un dont l'estime de soi semble fragile et qu'il sera facile de « démolir » ;

* un jeune qui a des caractéristiques qui le différencient des autres et dont il sera facile de se moquer (couleur, handicap, poids, etc.) ;

* ceux qui s'attirent les moqueries et le rejet par certains de leurs comportements (par exemple

un jeune qui ne sent pas bon, qui est trop agité ou désagréable avec les autres). Tout le monde peut subir des moqueries, mais...

> ...c'est souvent la RÉACTION de la victime qui fera toute la différence !

En effet, si tu réagis trop ou pas assez fort aux taquineries, il se peut que tu attires encore plus les sarcasmes de tes pairs. Tu verras plus loin des façons efficaces de réagir aux moqueries afin de ne plus être une victime passive et vulnérable.

Les témoins

Puisque les intimidateurs aiment particulièrement se sentir importants, puissants et faire rire les autres en diminuant leur victime, sans témoin, l'intimidateur a peu de pouvoir...

Souvent, les témoins restent silencieux ou rient avec l'agresseur, de peur d'être eux-mêmes victimes. La plupart du temps, ils ne sont pas d'accord avec ce qu'ils voient et ressentent de l'empathie envers la victime. Ils n'osent toutefois pas s'opposer à l'intimidateur ou ne savent pas trop comment le faire.

Ce que tu devrais faire si tu es témoin d'intimidation

Si tu t'en sens capable, dis clairement et directement à ceux qui intimident quelqu'un d'autre que tu ne les trouves pas drôles et que tu considères ce qu'ils font comme méchant.

Tu peux utiliser des phrases courtes et fermes pour montrer ton désaccord :

* « Hé! Pourquoi faites-vous ça? Elle ne vous a rien fait! »

* « Moi, je trouve ça bête de rire des autres! »

* « Bravo! Ça prend beaucoup de courage pour s'en prendre aux plus faibles! Démolir les autres, c'est ton nouveau jeu? »

Bon. Il est certain que tu ne te feras pas aimer de ces bourreaux en t'opposant à eux. Mais désires-tu vraiment être l'ami de telles personnes? De toute façon, comme les intimidateurs s'en prennent rarement aux jeunes qui s'affirment, tu risques peu.

Mais peut-être ne te sens-tu pas assez à l'aise pour les affronter directement? Sont-ils trop nombreux? Tu ne veux peut-être pas te les mettre à dos? Pas de problème. C'est compréhensible. Mais je t'en prie, ne te joins pas à eux, au moins! Mets-toi à la place de la victime pendant deux minutes. Comment te sentirais-tu?

- **Ne ris pas** des moqueries de ceux qui intimident les autres. Garde une **attitude neutre** ou change de sujet.

- **Manifeste subtilement ton désaccord** si tu te sens capable de le faire : par exemple, avec ton expression faciale, montre que tu trouves l'intimidateur insignifiant, éloigne-toi du groupe d'intimidateurs et tente d'emmener quelques amis avec toi, etc.

- Va voir la victime et **manifeste-lui ton appui** : « Ne les écoute pas ! Ils n'ont pas rapport ! Ça va ? » Au minimum, souris à la victime afin qu'elle sache que TOUT le monde n'est pas contre elle. Tu peux aussi lui écrire un petit mot de réconfort.

CHAPITRE 6
Les mauvaises façons de réagir

Quand quelqu'un te fait une blague que tu n'aimes pas ou se moque de toi, il y a des façons de réagir que tu dois essayer d'éviter.

Attitude de VICTIME

Par peur d'aggraver la situation, parce qu'on leur a conseillé d'ignorer leur agresseur ou encore parce qu'ils manquent de confiance en eux, certains jeunes restent dans une position de victime. Par leur attitude, ils confirment qu'ils sont effrayés et vulnérables. Ils permettent alors à leurs agresseurs de se sentir encore plus puissants ! De plus, en se repliant sur eux-mêmes, ils éloignent les autres et s'isolent progressivement.

Tu as une attitude de victime si :

* tu te tais et tu tolères les moqueries **sans rien dire**;

* tu adoptes une **posture** et une **attitude** de victime : baisser la tête, regarder le plancher, éviter le regard de ceux qui se moquent, rentrer les épaules et courber le dos;

* tu te sauves en courant ou tu t'éloignes d'un pas rapide en ayant l'**air apeuré** quand quelqu'un t'intimide;

* tu **pleurniches** ou tu adoptes un ton plaintif;

* tu restes dans ton coin, tu ne tentes plus d'entrer en **relation** ou tu refuses de te joindre au groupe, tu ne participes à aucune activité de groupe;

* tu vas te **plaindre** à l'adulte à tout propos.

« MADAME NANCY, IL ME REGARDE. »

« MADAME NANCY, elle n'arrête pas de... »

« MADAME NANCY, IL MÂCHE DE LA GOMME ! »

Nadia arrive dans la cour d'école et se dirige vers le groupe de Sandrine. La voyant approcher, les filles prennent un air dégoûté et s'éloignent en riant. Nadia se sent rejetée. Refoulant ses larmes, elle se dirige, tête basse, vers les balançoires. Antoine l'invite à se joindre à lui et à ses amis qui jouent au ballon. Nadia, craignant de se faire rejeter à nouveau, refuse en hochant la tête, sans même le regarder. Elle reste seule et ne va pas rejoindre ses copines quand elles arrivent. Quand la surveillante lui demande ce qui ne va pas, Sandrine dit avoir mal à la tête et ne dit rien à propos de Sandrine, qui en est bien contente !

Quelle différence y a-t-il entre faire du rapportage (*stooler*) et dénoncer l'intimidation ?

Tu fais du rapportage quand :

* tu dénonces des comportements qui ne te regardent pas (par exemple lorsque quelqu'un mâche de la gomme ou met ses pieds sur une chaise);

* tu fais preuve d'intolérance envers tes pairs (par exemple, tu te plains qu'ils te dérangent en classe alors qu'ils parlent entre eux, tu rouspètes parce que ton voisin a ôté ses souliers, tu dis avoir été poussé alors qu'on t'a accroché involontairement);

* tu te plains de quelqu'un dans le but de le voir puni (par vengeance).

Tu dénonces l'intimidation de façon justifiée lorsque :

* tu es témoin ou victime de violence ou d'intimidation et tu vas en parler discrètement à un adulte afin de te confier et de chercher du soutien et de l'aide.

Attitude de VALET

Certains jeunes désirent tellement devenir l'ami de leur bourreau (pour être « dans la bonne *gang* » ou pour cesser d'être le bouc émissaire) qu'ils deviennent les « serviteurs » des intimidateurs et modifient complètement leur façon d'être afin de plaire à ces jeunes qui les agressent.

Tu as une attitude de valet si :

* tu fais comme si tu trouvais ça **drôle** quand ils t'insultent ou te dénigrent, tu en rajoutes même parfois;

* tu dis **toujours** la même chose que ceux dont tu veux être l'ami et tu évites d'émettre tes opinions personnelles;

* tu en **fais trop** pour te faire aimer des intimidateurs, tu fais le clown pour les faire rire, tu cherches constamment un moyen d'être leur ami;

* tu les suis partout, quitte à devenir **envahissant;**

* tu tentes d'**épater** la galerie en montrant que tes parents ont de l'argent ou en étalant tes connaissances, par exemple.

> **NE TENTE JAMAIS DE DEVENIR L'AMI DE CEUX QUI T'INTIMIDENT !**
>
> Non seulement ils vont se servir de toi, mais ILS NE TE MÉRITENT PAS. Si tu veux être respecté des autres, respecte-toi d'abord toi-même.

Jean-Christophe se sent rejeté de ses copains de classe et vit de l'intimidation de la part de trois ou quatre d'entre eux. Cependant, plutôt que de s'amuser avec des garçons gentils et agréables, Jean-Christophe observe constamment ses intimidateurs dans l'espoir d'être invité à jouer avec eux. Il copie chacune de leurs mimiques et expressions. Il perd ainsi son temps à tenter d'être l'ami de ceux qui le méprisent alors qu'il pourrait avoir du plaisir avec d'autres jeunes beaucoup plus gentils.

Attitude d'AGRESSEUR

Ne sachant plus comment s'y prendre pour se défendre de leurs agresseurs, certaines victimes d'intimidation utilisent à leur tour la violence, jetant alors de l'huile sur le feu…

Tu as une attitude d'agresseur si :

* tu utilises la **violence** pour te défendre : frapper, menacer, tenter de faire peur à l'autre;

* tu **provoques** l'autre en allant le narguer, en cherchant à te venger, en jouant son petit jeu ou en faisant la même chose que lui;

* tu es sur la **défensive**, tu te sens attaqué pour des riens et tu contre-attaques, tu grimpes dans les rideaux à la moindre peccadille;
* tu **intimides** toi-même un plus faible.

> Bianca a toujours l'impression d'être victime d'intimidation sans que ce soit le cas. Elle se met en colère dès que quelqu'un ne dit pas comme elle, crie à l'injustice si elle n'est pas choisie en premier, accuse les autres de lui avoir volontairement lancé le ballon à la figure et est très agressive dans ses répliques : « Hé! Regarde ailleurs! » Elle a fini par se mettre tout le monde à dos. Plus personne n'a envie de la côtoyer...

Mais alors, comment faut-il réagir?

Dans les pages qui suivent, tu verras que les intimidateurs s'en prennent rarement aux jeunes qui font preuve d'**AFFIRMATION DE SOI** et qui ont une attitude qui reflète la **CONFIANCE EN SOI.**

Voilà donc les attitudes que tu dois développer pour contrer l'intimidation.

MAINTENANT, C'EST

TERMINÉ.

TU DOIS RÉAGIR À L'INTIMIDATION.

TU VAS APPRENDRE À DEVENIR PLUS AFFIRMATIF.

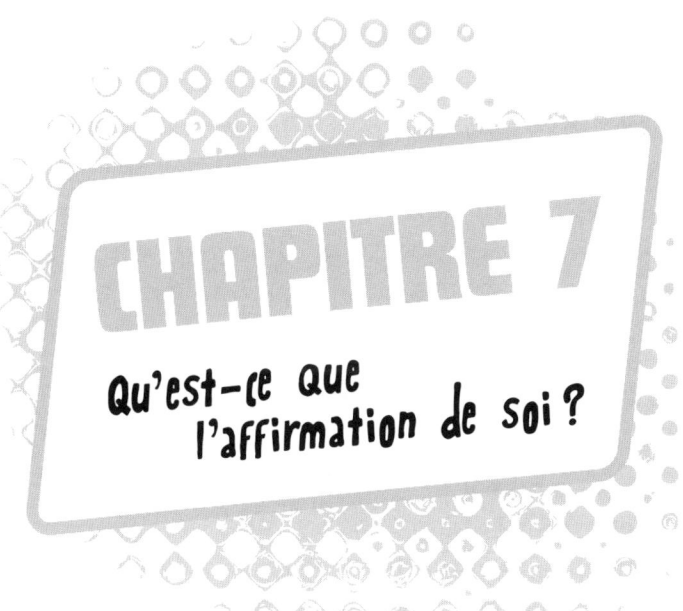

CHAPITRE 7
Qu'est-ce que l'affirmation de soi ?

L'affirmation de soi, c'est savoir exprimer son opinion, ses sentiments et ses besoins. C'est exprimer ce que nous ressentons. L'affirmation de soi est une attitude intérieure qui consiste à croire que nous avons une valeur. C'est le pouvoir d'agir en fonction de ses besoins et de son environnement.

L'affirmation de soi, c'est savoir exprimer son opinion, ses sentiments et ses besoins.

Ce n'est donc pas tant ce qu'on dit ou ce qu'on fait qui est important pour s'affirmer, mais bien l'**ATTITUDE** avec laquelle on le fait. C'est la capacité que tu as à émettre ton opinion et la volonté que tu as de te défendre devant quiconque cherche à t'agresser. C'est quand tu dis, par ton attitude : « Je suis quelqu'un d'aussi important que les autres. Je mérite qu'on entende mon opinion. Je n'accepterai pas qu'on me fasse du mal ! »

Bien entendu, pour s'affirmer, **il faut avoir confiance en soi, s'aimer soi-même et croire, sincèrement, qu'on est une bonne personne.** Si tu n'as pas confiance en toi, si tu te sens petit et faible à l'intérieur, il faudra commencer par régler cela. Parles-en à tes parents ou au psychologue de l'école afin qu'ils t'aident à te percevoir de façon plus positive.

Enfin, s'affirmer, c'est savoir « prendre sa place » sans chercher à écraser qui que ce soit. S'affirmer, c'est se respecter soi-même tout en respectant les autres, prendre soin de soi en prenant aussi soin des autres, être soi-même et accepter les autres tels qu'ils sont…

Qu'est-ce qu'une attitude affirmative ?

Avoir une attitude affirmative, c'est :

* dire ton opinion sur divers sujets, même si elle diffère de celle des autres, sans craindre les moqueries ou le rejet. C'est aussi accueillir l'opinion de l'autre sans te sentir diminué s'il ne pense pas comme toi;

* te joindre à un groupe et participer aux discussions sans pour autant prendre toute la place;

* faire des blagues ou lâcher ton fou, ne pas avoir peur du ridicule, sans toutefois faire constamment le clown pour te rendre intéressant;

* aller vers les autres, appeler tes amis, proposer des jeux ou des activités sans avoir peur du rejet ou de « déranger », mais aussi tolérer le refus et accueillir les idées et les propositions des autres;

* refuser de faire des choses qui vont à l'encontre de tes valeurs ou qui te paraissent déraisonnables, même si tes amis le font;

* poser des questions en classe sans avoir peur d'avoir l'air idiot;

* marcher la tête haute, d'un pas assuré;
* regarder les gens dans les yeux quand tu discutes avec eux;
* négocier et faire des compromis avec tes amis sans toujours les laisser décider pour éviter de déplaire;
* être en mesure d'attendre ton tour dans un jeu, mais sans laisser passer tout le monde avant toi et réagir si quelqu'un te dépasse;
* te montrer bon perdant sans laisser les autres gagner pour être gentil; c'est être compétitif, mais pas mauvais perdant;
* être capable de reconnaître tes erreurs et d'en assumer les conséquences sans tenter de les rejeter sur les autres;
* être capable de t'excuser lorsque tu as fait de la peine à un ami, mais sans adopter une attitude soumise;
* dire à ton entourage ce qui te blesse et te dérange sans adopter une attitude plaintive, donc reconnaître que tu es triste ou en colère sans te positionner en victime;
* te tenir loin des gens qui te manquent régulièrement de respect et refuser d'être l'ami de quelqu'un qui t'a ridiculisé;

* prendre soin des autres et les respecter, mais accepter aussi de ne pas toujours être gentil et conciliant; accepter de ne pas toujours être aimé de tous;
* parfois, c'est aussi te mettre en colère et lever le ton quand quelqu'un t'agresse, mais sans utiliser la violence, ni des paroles injurieuses.

Finalement, c'est l'**ART DU JUSTE MILIEU**...

> Stéphane s'est fait amputer une jambe et il marche avec des béquilles. Cependant, il a une force de caractère incroyable. Jamais il ne se plaint. Il est presque toujours de bonne humeur et il participe à tous les sports malgré ses limites. Sur un trampoline, il est incroyable. Il fait des sauts et des pirouettes sur une seule jambe alors que ses amis ont de la difficulté à se tenir en équilibre. Dans les soirées, il danse en sautillant sur sa jambe alors que les autres garçons sont trop timides pour se joindre aux filles. C'est un garçon gentil et doux, mais personne n'aurait l'idée de se moquer de lui, car on sent bien qu'il ne se laisserait pas faire! Son attitude attire le respect, tout simplement.

TOI, à qui désires-tu ressembler ?

agresseur   victime   valet   affirmatif

Que dirais-tu… dans la COUR DE RÉCRÉATION, lors d'un jeu de ballon ?

 **ATTITUDE DE VICTIME :** « J'aimerais bien jouer avec eux, mais c'est certain qu'ils vont dire non… Ah, tant pis. Je vais laisser tomber… »

 **ATTITUDE D'AGRESSEUR :** « Tasse-toi ! C'est moi qui joue ! »

 **ATTITUDE DE VALET :** « Oui, c'est nous qui jouons, hein William ? Nous sommes bien meilleurs, hein William, nous sommes meilleurs, hein ? » (Mais au fond, tu penserais : « Je n'aime pas ce jeu-là, mais si je veux être l'ami de William… »)

 **ATTITUDE AFFIRMATIVE :** « Est-ce que je peux jouer avec vous ? Tout le monde a le droit de jouer ! »

Que dirais-tu... dans la CLASSE ?

ATTITUDE DE VICTIME : « Je ne comprends pas, mais je ne le dirai pas. Les autres vont rire de moi. »

ATTITUDE D'AGRESSEUR : « Moi, je ne fais pas ça. C'est bien trop difficile... et puis c'est *plate* ! »

ATTITUDE DE VALET : « Tu as raison, William ! Moi non plus, je ne le fais pas, hein William ? Nous ne travaillons pas... »

ATTITUDE AFFIRMATIVE : « Madame Nancy, je ne comprends pas... »

Que dirais-tu... dans une discussion EN GROUPE, lorsqu'un enfant parlerait contre une autre personne ?

ATTITUDE DE VALET : « Moi aussi, elle m'énerve ! », mais tu penserais : « En fait, je l'aime bien, mais si je ne dis pas comme lui, il va me rejeter aussi... »

ATTITUDE D'AGRESSEUR : « Hé ! Ne parle pas contre Julie ! C'est mon amie. Si tu redis un mot contre elle, tu vas avoir affaire à moi ! »

ATTITUDE DE VICTIME : Tu penserais : « Je vais me taire, comme ça je ne me mettrai personne à dos ».

ATTITUDE AFFIRMATIVE : « Ah oui, elle t'énerve ? Pourquoi ? Je la trouve gentille, moi… »

Que dirais-tu… en RÉACTION aux insultes d'un autre enfant ?

ATTITUDE DE VICTIME : « Arrêêêête, j'aime pas ça quand tu m'insultes, c'est pas très gentil, je vais aller le dire au professeur, parce que bla, bla, bla… »

ATTITUDE D'AGRESSEUR : « Toi mon % ?&*+ !!!, si tu m'insultes encore, je vais te casser les dents ! »

ATTITUDE AFFIRMATIVE : « Hé, arrête ! Tu n'as pas à me parler comme ça ! »

CHAPITRE 8
Un rempart contre l'intimidation : les amis !

Comme les intimidateurs s'en prennent surtout aux enfants timides et seuls, avoir quelques amis peut te protéger des moqueries ou, tout au moins, te permettre d'obtenir un peu de réconfort de leur part quand ça arrive. Il n'est pas nécessaire de devenir très populaire ! Il s'agit simplement de t'entourer d'un ou deux **amis fidèles**, qui te ressemblent et te respectent, et avec qui tu partages des valeurs et des activités.

C'est bien beau tout ça, mais comment se fait-on des amis ? Je t'invite maintenant à découvrir ce qui attire les autres et leur donne envie d'être ton ami.

AVOIR UNE ATTITUDE POSITIVE

Les gens sont plus attirés par les personnes qui semblent joyeuses, dynamiques et positives.

* Tiens-toi droit, marche d'un pas résolu, regarde les gens dans les yeux et montre un visage ouvert et souriant. Exerce-toi dans le miroir et avec ta famille afin de développer une attitude corporelle qui dénote la bonne humeur et la confiance en soi. Tu peux aussi observer la posture et la façon de s'exprimer de quelqu'un que tu trouves agréable à côtoyer ou demander à tes parents de t'aider.

* Participe aux jeux et aux activités proposées à l'école. Ne reste pas dans ton coin. Même si tu n'es pas très bon dans les sports, fais de ton mieux et ris de tes erreurs. Inscris-toi dans des activités parascolaires qui mettront tes forces en évidence et qui te permettront de rencontrer d'autres jeunes qui partagent tes passions (dessin, guitare, karaté, club d'astronomie, cadets, scouts, équitation…)

* Développe ton sens de l'humour, fais des blagues (sans faire constamment le clown), prends des risques, n'aie pas peur de faire rire les autres !

> Laura est une jeune fille qui a peu d'amis. Elle a souvent été victime de moqueries et d'intimidation. Lors de la dernière fête d'Halloween de l'école, elle n'a pas osé se déguiser afin de ne pas attirer les regards sur elle. Elle est restée dans son coin et n'a pas participé aux activités. Elle avoue s'être beaucoup ennuyée et avoir gâché ce qui aurait pu être une journée agréable. Elle raconte qu'un élève de sa classe s'était déguisé en… Dora l'Exploratrice ! Il a fait rire tout le monde avec son costume et a eu l'air de beaucoup s'amuser. Laura réalise qu'il faut parfois prendre des risques afin d'avoir du plaisir et des amis. L'an prochain, elle compte bien se déguiser et s'amuser. Tant pis pour ceux qui riront d'elle !

AVOIR DE BONNES IDÉES

Les gens qui proposent des activités et donnent leur opinion sont souvent plus attirants que ceux qui restent passifs ou qui ne font que suivre les autres.

* Lors des périodes libres ou des récréations, propose une idée de jeu à quelques amis : « Est-ce que quelqu'un aurait envie de jouer au soccer ? »

* Ne t'en fais pas et n'abandonne pas si personne ne te suit au début. Propose autre chose et tente de nouveau l'expérience à un autre moment.

* Va vers ceux qui te semblent, eux aussi, plutôt timides et offre ta compagnie : « Est-ce que je peux me joindre à vous ? »

PRENDRE SA PLACE !

Cesse de jouer au fantôme en étant simplement spectateur de ce qui se passe. Prends des risques et intègre-toi aux autres.
Parle, dis ce que tu penses, participe aux conversations. Permets-toi, de temps à autre, de dire ton opinion ou tes préférences.

Par exemple :

* « Vous parlez de tel groupe de musique ? Je les aime bien moi aussi, mais avez-vous déjà entendu tel autre groupe ? Je les trouve excellents ! »

* « Ouf ! Le prof d'éducation physique nous a fait courir aujourd'hui, hein ? Je suis épuisé, pas vous ? »

* « En fin de semaine, je vais aller faire du ski avec mes parents. J'espère qu'il fera beau. Toi, as-tu quelque chose de prévu ? »

ALLER VERS LES AUTRES !

Tu dois montrer aux gens que tu t'intéresses à eux et que tu désires être leur ami. Encore une fois, tu dois prendre le risque de te faire repousser.

* Lors des travaux d'équipe, offre à ton voisin de travailler avec toi. S'il refuse, va vers quelqu'un d'autre. Choisis des jeunes qui sont souvent seuls, ce sera plus facile.

* Pendant la fin de semaine, appelle un copain de classe et invite-le à une activité ou va frapper à la porte d'un voisin pour l'inviter à jouer.

* Intéresse-toi aux autres. Les gens aiment recevoir des compliments, se sentir importants et parler d'eux : « Wow! Quel beau vélo! Tu l'as eu en cadeau? », « J'ai remarqué que tu es super bonne en dessin, as-tu pris des cours? », « Comment as-tu trouvé l'examen d'anglais? »

* Saisis les occasions qui se présentent à toi d'entrer en contact avec les autres. Tu n'as pas à amorcer une grande discussion! Tu peux simplement faire de petites remarques et poser des questions ici et là. Doucement, tu finiras bien par nouer des amitiés.

Je sais que ces choses sont très difficiles à faire pour quelqu'un de timide et que c'est encore plus exigeant si tu as souvent vécu du rejet. Mais penses-y. Quel autre choix as-tu? Rester dans ton coin et continuer de vivre de l'intimidation? Vas-y doucement! Un sourire par-ci, un bonjour par-là... Redresse les épaules, pose une question en classe, prends le risque de demander à Alex de travailler en équipe avec toi, pose une question à Noémie, etc. Sors tout doucement de ta coquille, un petit geste à la fois! Crois-moi, ce sera de plus en plus facile avec le temps et la pratique!

FAIRE PREUVE D'EMPATHIE

La plupart des gens aiment bien les personnes sensibles qui ont un grand cœur et qui sont disposées à donner un coup de main.

* Tente de consoler ceux qui te semblent tristes.
* Prends soin des plus petits et de ceux qui ont besoin d'aide.
* Offre ton aide lorsque tu as terminé ton travail scolaire.

DÉVELOPPER SES HABILETÉS SOCIALES

Quelles sont tes forces en termes d'habiletés sociales ? Quels seraient les points à améliorer ? Dans les listes qui suivent, note les habiletés que tu gagnerais à acquérir ou à améliorer. Demande à tes parents et à ton enseignant de t'aider à t'évaluer afin d'obtenir un portrait réaliste.

ME FAIRE DES AMIS (habiletés de prise de contact)

☐ J'ai une allure soignée, je porte des vêtements propres et en bon état, je sens bon et je me lave tous les jours, mes mains et mes ongles sont propres, je suis bien coiffé.

☐ Je sais m'approcher doucement de la personne à qui je veux parler et dire bonjour avec un sourire. (J'évite d'entrer dans la bulle des gens, de les bousculer ou de tirer sur leur manche ou leur bras pour capter leur attention.)

☐ Quand je ne connais pas quelqu'un, je vais vers lui. Je me présente, puis je lui demande son nom.

☐ De façon générale, je suis quelqu'un de souriant, qui a un visage ouvert.

☐ Habituellement, je regarde les gens à qui je parle et qui me parlent.

☐ Quand nous avons de la visite ou quand un ami vient à la maison, je vais l'accueillir avec un sourire et une attitude dynamique.

☐ Il m'arrive d'inviter un ami à jouer ou de proposer à quelqu'un de travailler en équipe avec moi.

☐ La fin de semaine, il m'arrive d'appeler un ami et de l'inviter à la maison.

☐ Je sais comment m'intégrer à un groupe. Je m'implique dans les jeux d'équipe et je demande aux autres si je peux jouer (je ne reste pas seul dans mon coin).

☐ Je suis ouvert à intégrer un nouvel ami dans mon groupe.

☐ J'ai des idées de jeux et d'activités et je les propose aux autres.

☐ Je saisis les occasions d'entrer en contact avec les autres, je fais des commentaires, je pose des questions.

☐ J'offre mon aide aux autres et j'accepte l'aide des autres.

☐ J'utilise les formules de politesse : « S'il vous plaît », « Merci »… Je laisse passer une personne que je croise à une porte, je salue les gens que je connais, etc.

GARDER MES AMIS (habiletés relationnelles)

☐ Lorsque j'écoute quelqu'un, je le regarde et je montre mon intérêt par des signes de tête ou de petits mots : « Ah oui ? », « Hum ! », « *Cool !* »

☐ Je montre mon intérêt pour ce que l'autre dit en posant des questions sur ce qu'il vient de me raconter. (Ex. : « Ah oui ? Tu vas en ski en fin de semaine ? Tu fais du ski depuis longtemps ? As-tu pris des cours ? Où allez-vous ? »)

☐ Je sais écouter les autres sans les interrompre.

☐ J'évite de ramener la discussion trop vite à moi. (Ex. : « Tu vas en ski ? Moi, je n'aime pas le ski, j'ai eu un accident l'an dernier et... »)

☐ Je suis content pour mes amis lorsqu'il leur arrive quelque chose de bien et je les encourage dans ce qu'ils font. (« Wow ! Tu as gagné une médaille ! Tu es vraiment bon ! »)

☐ Je donne mon opinion sur différents sujets, même si elle est différente de celle des autres.

☐ Je sais respecter l'opinion des autres même si elle est différente de la mienne. (Je ne tente pas de les convaincre à tout prix que j'ai raison.)

☐ Généralement je dis la vérité, j'évite de raconter des histoires ou de « déformer la vérité ».

☐ J'évite de blesser les autres ou de faire des choses qui pourraient leur faire de la peine. Je suis sensible aux émotions des autres.

☐ Il m'arrive de prendre soin des autres et de consoler un ami qui a de la peine.

☐ J'accepte facilement de partager mes jouets et mes objets personnels.

☐ Quand je joue avec des amis, je leur propose des jeux, j'ai des idées et je prends ma place. Je ne suis pas passif.

☐ J'accepte les idées et les propositions de jeux des autres. Je ne cherche pas à toujours tout décider, je laisse aussi les autres décider parfois.

☐ Je suis tolérant et respectueux des différences. (Couleur de la peau, coutumes, façon de penser, etc.)

☐ J'ai un langage et un comportement respectueux. J'évite d'utiliser des mots vulgaires (sacres, insultes, etc.).

☐ Généralement, je suis dynamique et de bonne humeur.

☐ J'ai le sens de l'humour, je sais faire des blagues, lâcher mon fou, rire et m'amuser (mais je sais aussi m'arrêter quand c'est le moment).

GÉRER MES ÉMOTIONS ET LES CONTRÔLER (habiletés d'autocontrôle)

☐ Je suis patient, je suis capable de vivre des délais et d'attendre sans bougonner.

☐ Dans les files, dans les jeux et en classe, j'attends mon tour sans rouspéter et sans dépasser les autres.

☐ Je ne me fâche pas souvent et pas pour des riens. J'ai une bonne tolérance à la frustration.

☐ Je m'affirme toutefois quand ça ne va pas et je suis capable de hausser le ton si quelqu'un m'insulte ou me fait mal.

☐ Je suis capable de me calmer après m'être excité.

☐ Je peux m'amuser sans « déborder », sans être trop agité.

☐ Je peux participer à une discussion et respecter le tour de parole des autres.

☐ Je sais manger sans excès.

☐ Je suis capable de rester assis à table lors des repas.

☐ Je ne prends pas ce qui ne m'appartient pas sans demander la permission.

☐ Je peux exprimer ma colère et les autres émotions avec des mots.

☐ Je peux reconnaître et accepter les émotions des autres.

☐ Je suis capable de suivre les règles d'un jeu, je ne triche pas.

☐ Je respecte généralement les règles et les consignes de l'adulte. (Je ne cherche pas constamment à contourner ou à déjouer les règles, je ne m'oppose pas à tout.)

RÉGLER MES CONFLITS (habiletés de résolution de problème et de conflit)

☐ Je prends le temps de me calmer lorsque je suis très fâché. Je m'éloigne au besoin.

☐ J'explique ensuite ce qui me fâche ou me fait de la peine (sans frapper, insulter, bousculer, refouler ou bouder).

☐ Je mets parfois des limites aux autres, j'exprime mon désaccord.

☐ Je propose des solutions aux conflits.

☐ Je suis capable de faire des compromis.

☐ Je suis capable de reconnaître mes erreurs sans rejeter la faute sur les autres.

☐ Je ne mens pas pour cacher mes erreurs.

☐ Je présente mes excuses quand je commets une erreur.

☐ J'accepte les conséquences et je peux faire des gestes réparateurs si j'ai mal agi.

☐ Je m'affirme, je refuse qu'on me fasse du mal! JE NE ME LAISSE PAS FAIRE!

En résumé, pour te faire un ami…

* choisis quelqu'un qui te ressemble, qui a un peu les mêmes goûts que toi, le même genre de personnalité;

* prends le risque de démontrer ton intérêt et de lui demander de jouer avec toi;

* approche-toi doucement, souris, aie l'air dynamique. Propose-lui quelque chose : « Allo ! Est-ce que ça te tente de venir jouer au soccer avec moi ? » S'il dit qu'il joue déjà avec quelqu'un d'autre, demande si tu peux te joindre à eux : « Est-ce que je peux jouer avec vous ? »;

* s'il refuse, tente à nouveau un autre jour. Après deux ou trois essais, laisse tomber et cherche un autre ami potentiel;

* s'il accepte ton invitation, montre-toi agréable et de bonne humeur. Invite-le de nouveau à jouer avec toi dans les jours suivants. Assure-toi d'inclure aussi les autres enfants qui auraient envie de se joindre à vous;

* si l'enfant accepte souvent tes invitations à jouer, il devient alors peu à peu ton ami. Tu peux alors lui demander son numéro de téléphone et l'inviter chez toi pendant la fin de semaine…

Les attitudes qui éloignent les autres...

Certaines attitudes ont tendance à tomber sur les nerfs des membres de l'entourage. Ils ont alors beaucoup moins envie de devenir amis avec les personnes qui adoptent ce genre de comportement.

LES PLAIGNARDS

Ce sont les personnes qui passent leur temps à geindre, à être négatives ou à chercher l'attention en pleurant pour rien ou en hurlant de douleur à la moindre occasion. À éviter : « C'est plate ! », « J'ai mal ici ! », « Untel n'est pas gentil ! », « C'est trop dur ! », « Personne ne veut jouer avec moiiiiiii... »

LES « PLANTES VERTES »

Ce sont ceux qui ne font rien, ne pensent à rien, parlent tout bas en se regardant les pieds et disent toujours comme les autres pour ne pas déplaire. C'est joli une plante verte, ça ne dérange personne, mais ce n'est pas très palpitant… et ça n'a pas beaucoup de plaisir !

> Noémi aimerait bien jouer au ballon prisonnier avec les autres, mais elle reste sur le côté du jeu et les regarde sans rien faire dans l'espoir qu'ils l'invitent à participer. Mais personne ne la remarque… Malgré son tempérament timide, elle devrait tenter de s'intégrer et demander si elle peut jouer.

LES « TACHES »

Ah, ceux-là… Ce sont ceux qui veulent tellement être notre ami qu'ils en deviennent vraiment envahissants. Par exemple, ils nous appellent 22 fois par jour, entrent dans notre bulle, nous parlent sans arrêt ou refusent qu'on parle à quelqu'un d'autre qu'eux.

LES «STARS»

Ceux-ci se vantent sans arrêt. Ils tentent d'épater la galerie, parlent trop et trop fort, prennent toute la place...

Dans l'espoir de se rendre intéressant, Sébastien passe son temps à se vanter de ce que ses parents lui ont acheté, des voyages qu'il a faits, de la marque de son vélo qui est meilleur que celui d'Antoine, etc. Il cherche constamment à monopoliser l'attention et raconte même parfois des histoires. Les autres se rendent bien compte de ses mensonges et ont de moins en moins envie d'être en sa compagnie.

LES « PITBULLS »

Les « pitbulls » se fâchent trop vite et trop souvent. Ils veulent tout contrôler, jouent les petits durs et font mal ou font de la peine aux autres.

Sophie a « mauvais caractère ». Au soccer, elle bouscule pour avoir le ballon, crie contre ses coéquipières quand elles ne réussissent pas leurs passes, frappe le ballon de toutes ses forces quand elle rate un but. Quand son coach l'envoie se calmer sur le banc, elle l'insulte et refuse de rejouer ensuite. Les autres filles de son équipe en ont assez de ses sautes d'humeur et aimeraient qu'elle soit exclue de l'équipe.

LES « STOOLS » (OU PORTE-PANIER)

Ces jeunes surveillent toujours les autres et vont rapporter tout ce qu'ils font de mal alors que cela ne les regarde pas. Ils prennent parfois plaisir à voir les autres punis.

Jules semble passer ses journées à surveiller les autres. Dès que quelqu'un de la classe ne respecte pas une règle, il court le dire à son enseignante. Il fait cela pour bien faire et pour que son enseignante soit contente de lui, mais il se met tout le monde à dos.

CHAPITRE 9
Quand, malgré tout, la violence s'insinue...

Malheureusement, même si tu as une attitude affirmative, même si tu es une gentille personne et même si tu sais te faire des amis, il se peut que tu vives des querelles, des situations de violence, du rejet ou de l'intimidation.

Il faut se rappeler que l'objectif premier de l'intimidateur est de... t'intimider! L'intimidateur, le vrai, celui qui le fait par plaisir et par recherche d'un sentiment de puissance, est heureux lorsqu'il sent qu'il te blesse et qu'il a le pouvoir de te faire sentir petit et vulnérable. Il sourit lorsqu'il te voit courber les épaules et baisser la tête. Tes larmes le stimulent et l'encouragent. Il te faudra donc d'abord distinguer (et ce n'est pas toujours facile) si l'autre

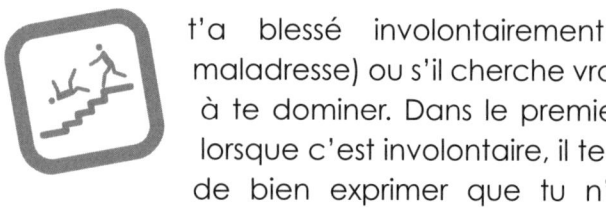

t'a blessé involontairement (par maladresse) ou s'il cherche vraiment à te dominer. Dans le premier cas, lorsque c'est involontaire, il te suffira de bien exprimer que tu n'aimes pas ce qui vient de se passer et l'autre changera probablement son comportement. Toutefois, si l'autre jeune cherche à s'amuser à tes dépens, il continuera de plus belle.

Il te faudra alors réagir rapidement ! Ne laisse pas la situation s'envenimer. À partir de maintenant, tu n'es plus une victime passive. **Tu ne te laisses pas faire ! Et tu ne laisses personne te dominer !** Mais est-ce que ça veut dire d'utiliser la violence à ton tour ? Bien sûr que non. Tu ne t'abaisseras pas à utiliser les mêmes méthodes que ceux qui te harcèlent. Tu es bien plus futé que cela !

Que faire si tu subis des moqueries, si quelqu'un te fait de la peine ou t'intimide ?

Bien des enfants (et beaucoup d'adultes) ont l'habitude de tolérer des situations qui les agressent jusqu'à ce qu'ils n'en peuvent plus. Ensuite, ils « explosent » et réagissent en agressant l'autre.

D'autres encore, pour éviter de se faire « marcher sur les pieds », ne tolèrent rien du tout et réagissent brusquement à toute situation dérangeante.

Plusieurs enfants, en particulier ceux qui ont subi du rejet et de l'intimidation, ne savent tout simplement pas distinguer les situations où ils doivent (ou ne doivent pas) réagir. Ils réagissent parfois avec excès à des situations anodines, puis tolèrent des agressions plus graves sans rien dire. Leurs réactions disproportionnées ou non appropriées leur donnent parfois l'air un peu bizarre et ils attirent alors encore plus les moqueries. En fait, tu dois bien comprendre que le degré de tolérance ou d'affirmation que tu utilises doit dépendre de la gravité de l'attaque subie. Plus l'agression est grave ou répétée souvent, plus tu dois réagir. Par contre, il y a des choses auxquelles il n'est pas nécessaire de réagir et qu'il vaut mieux ignorer : tu évites ainsi de gaspiller ton énergie ou de donner du pouvoir à tes agresseurs.

En fait, il y a TROIS grandes catégories de réactions aux situations désagréables.

FEU VERT! **TOLÉRANCE**

FEU JAUNE! **AFFIRMATION**

FEU ROUGE! **DÉFENSE**

FEU VERT! TOLÉRANCE

Lorsque la situation **te dérange peu**, lorsqu'il s'agit de quelque chose qui **ne se reproduira probablement pas**, c'est un « feu vert ». Tu peux tout simplement tolérer la situation.

Exemples :

- J'ai un avis différent de mon ami.
- Quelqu'un me bouscule sans faire exprès.
- Mes amis me font des blagues ou me taquinent.
- Mon frère chante une chanson que je n'aime pas et ça m'énerve.
- Je reçois le ballon dans la figure, mais l'autre n'a pas fait exprès.
- Ma sœur s'assoit trop près de moi.

* *Mon voisin de classe mâche de la gomme en classe.*
* *Mon amie refuse de jouer au jeu que je lui propose.*
* *Quelqu'un que je ne connais pas passe devant moi dans la file au restaurant.*
* *Le petit caïd de la classe passe une remarque désagréable sur moi, mais ça n'arrive pas souvent. Je trouve que ça ne vaut pas la peine de réagir.*
* *Marianne et Sandra parlent dans mon dos, mais je m'en fiche.*

Comment réagir ?

Ta réaction devrait dépendre de l'intention de l'autre. Si c'est simplement une maladresse, tu peux laisser passer et pardonner, sans plus de cérémonie. Ne garde pas de colère ni de ressentiment pour si peu. Tu peux te dire : « Bof ! Ce n'est pas grave, ça ne vaut pas la peine de réagir ». Ne dis rien et passe à autre chose. Tu peux t'éloigner de l'autre au besoin.

OU

Si l'autre personne est volontairement désagréable avec toi, si elle veut jouer les plus forts ou t'intimider, il se peut tout de même que tu préfères l'ignorer. Tu peux adopter une attitude qui dit : « Tu n'as AUCUNE EMPRISE sur moi. Je CHOISIS de ne pas réagir parce que je n'ai pas de temps à perdre avec toi ». Exerce-toi devant le miroir ou avec tes parents pour adopter ce genre d'attitude.

OU

Tu peux aussi choisir de répondre par un mot gentil complètement contraire à ce que l'autre vient de faire ou dire pour bien lui signifier que tu n'entres pas dans son jeu. Ainsi, à la personne qui t'insulte, tu peux répondre : « Merci beaucoup, c'est gentil », « Quelles paroles charmantes ! », « Merci, bonne journée ! » ou « Venant de toi, c'est un compliment ».

OU

Tu peux aussi t'arrêter, regarder la personne dans les yeux et lui montrer de façon non verbale que tu n'apprécies pas ce qu'il vient de faire, puis passer ton chemin.

> **IMPORTANT**
> Tu dois adopter une posture de « gagnant » : le dos bien droit, la tête haute, le regard assuré, jamais triste, ni suppliant.

À ÉVITER !

* Être intolérant : réagir trop fort pour des babioles.

* Rapporter tout ce que les autres font même si ce n'est pas grave et même si ça ne te regarde pas (« Madame ! Mathieu mâche de la gomme ! » « Monsieur ! Juliette me regarde ! »)

- Pleurnicher, se plaindre sans arrêt.
- Faire des sermons : « Hé ! Tu m'as bousculé, tu pourrais faire attention à l'avenir ! Au moins, tu pourrais t'excuser… »
- Baisser la tête et subir sans rien dire avec une attitude de victime.

Marie intimide Julia parce que celle-ci a un jour refusé de lui donner sa place dans l'autobus. Julia choisit la plupart du temps de l'ignorer mais, à d'autres moments, elle choisit plutôt de réagir avec sarcasme pour lui montrer qu'elle n'est pas impressionnée. Ainsi, quand Marie insulte Julia, celle-ci la regarde avec un grand sourire en disant : « Merci beaucoup, bonne journée ! » et elle s'éloigne en riant. Lors d'une soirée, alors que Julia passe devant Marie avec des copines, celle-ci lui donne un coup de pied sur le tibia. Julia s'arrête, regarde son pied, puis relève lentement les yeux jusqu'à croiser le regard de l'autre fille. Elle secoue la tête, l'air de dire : « Pauvre toi ! C'est pathétique… » Ensuite, Julia sourit, hausse les épaules, puis va danser avec ses amies. Elle n'a pas laissé Marie gâcher sa soirée.

FEU JAUNE! AFFIRMATION

Tu arrives au « feu jaune » lorsque ce que l'autre fait te dérange vraiment ou te blesse. La situation est vraiment **désagréable**. Elle se reproduit **régulièrement** et cela t'agace.

Exemples :

- *Quelqu'un se moque régulièrement de toi.*
- *On te dit des paroles blessantes.*
- *Une personne passe souvent devant toi dans la file à l'école.*
- *Le petit tannant de la classe essaie de te faire fâcher.*
- *Ton amie fait quelque chose qui te fait vraiment de la peine.*

* *Ton voisin de bureau te dérange alors que tu tentes de te concentrer sur ton travail.*
* *Une fille fait exprès de te bousculer.*
* *Au dîner, trois jeunes refusent que tu t'assoies avec eux et te parlent sur un ton méprisant.*
* *En éducation physique, des élèves ont caché tes vêtements.*

Comment réagir ?

Si la personne concernée est une amie ou si elle ne cherche pas vraiment à te faire de la peine (c'est-à-dire qu'elle n'avait pas nécessairement de mauvaises intentions), tu prends le temps de t'expliquer avec elle. (Par exemple, ta copine fait des blagues avec ton prénom et tu ne trouves pas ça drôle, ton ami cherche toujours à contrôler le jeu, ton voisin de bureau te dérange, quelqu'un a pris ton ballon, etc.)

Si tu es en colère, prends le temps de te calmer et de penser à ce que tu vas dire. Va voir la personne et parle-lui calmement, mais fermement.

ÉTAPE 1

Dis-lui d'abord ce qui te dérange et **décris le problème** (sans attaquer l'autre). Assure-toi ici de parler au « Je ».

Exemples :

* « *Je n'aime pas cela quand tu fais des blagues sur mon nom.* »
* « *Quand on joue ensemble, je trouve ça dommage de ne jamais pouvoir décider du jeu. C'est souvent toi qui décides.* »
* « *Ça m'empêche de me concentrer quand tu chantonnes.* »
* « *Excuse-moi, c'est mon ballon.* »

ÉTAPE 2

Tu peux lui dire ce que ça te fait vivre comme **émotions** (si c'est approprié).

Exemples :

* « *Je me sens ridiculisée.* »
* « *Ça me donne l'impression que mon opinion n'est pas importante.* »

ÉTAPE 3

Exprime finalement ce que tu VEUX (et pas seulement ce que tu ne veux pas). Décris tes **besoins**. Impose une limite claire.

Exemples :

* *« Je voudrais que tu arrêtes, OK ? »*
* *« La prochaine fois, j'aimerais qu'on décide chacun notre tour, d'accord ? »*
* *« Peux-tu cesser de chanter, SVP ? »*
* *« Peux-tu me redonner mon ballon, SVP ? »*

Si la personne recommence ou si elle a vraiment l'intention de te blesser, de te ridiculiser ou de te faire du mal, va voir la personne, regarde-la dans les yeux en prenant une expression fâchée et dis-lui d'arrêter. Tu devras utiliser pour cela une phrase courte et claire et adopter un ton ferme, sans crier cependant.

Exemples :

* *À ton amie qui continue de faire des blagues avec ton prénom : « Hé ! Je viens de te dire que ça me blesse ! Tu es mon amie ou non ? » (Si elle continue, peut-être choisiras-tu de t'éloigner d'elle pendant un certain temps. Les vrais amis se respectent.)*
* *Si quelqu'un se moque de toi : « Arrête ! Je ne te trouve pas drôle ! »*
* *Si quelqu'un passe volontairement devant toi dans une file : « C'est ma place ! Fais la file comme les autres ».*

Tu peux aussi utiliser l'ironie ou l'humour :

Exemples :
- *Si les autres refusent que tu t'assoies avec eux : « Merci beaucoup! Quelle gentillesse! »*
- *Pour réagir à une insulte : « Bravo! Beau vocabulaire! »*
- *À celui qui te traite de « négresse » : « Wow! Tu as remarqué que ma peau est foncée! Quel sens de l'observation! »*

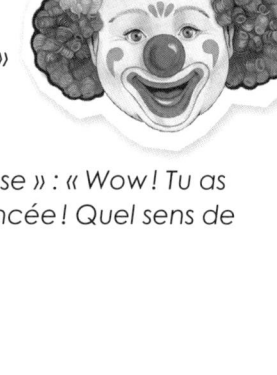

Marc-Olivier a un jour répondu à une fille qui le harcelait : « Bon, tu ne m'aimes pas? Et bien ça tombe bien, moi non plus! Mais si tu ne m'aimes pas, explique-moi donc pourquoi tu es sans cesse autour de moi! Moi, quand je n'aime pas quelqu'un, je m'en tiens loin. Ah! Je comprends. Peut-être que dans le fond, tu es amoureuse de moi sans vouloir l'avouer? C'est ça? » Tout le monde s'est mis à rire devant l'air horrifié de l'intimidatrice. Voyant cela, Marc-Olivier s'est permis d'en rajouter un peu : « Je suis vraiment désolé de te faire de la peine, Clara, mais tu n'es pas du tout mon genre ». Il est ensuite reparti, la tête haute.

Tu peux aussi utiliser la
MÉTHODE 1-2-3

1. Tu dis à l'autre d'arrêter, mais gentiment, poliment et sur un ton agréable.

Exemples :

« Peux-tu arrêter SVP, ça me dérange. »
« J'aimerais que tu ne fasses plus cela, car je n'aime pas ça. »

Si l'autre continue malgré ta demande...

2. Tu lui redis d'arrêter, mais cette fois en prenant un ton plus ferme et en montrant que tu n'es pas content (mais toujours sans crier, sans te montrer agressif). Tu te tiens droit, tu le regardes dans les yeux et tu lui parles sur un ton ferme, avec des mots respectueux. Tu ne fais pas de long discours. Fais plutôt une phrase courte et une demande claire.

Exemples :

« Hé ! Je t'ai demandé d'arrêter ! »

Si ça continue malgré tout...

3. Tu te fâches, tu es très ferme et tu vas le dire à un adulte au besoin. Tu ne te laisses pas faire.

Emmanuelle est nouvelle dans son école. Un jour, le petit caïd de la classe passe près de son bureau et lui vole un crayon. Elle le regarde, le sourire aux lèvres et la main tendue, puis dit : « Étienne, donne-moi mon crayon ». Le jeune homme refuse. Emmanuelle prend alors un ton enfantin et répète un peu plus fort : « Étienne, donne-moi mon crayon ». Étienne refuse toujours. Elle le regarde alors avec un air bienveillant et dit : « D'accord, Étienne, on va faire comme avec les petits. Je compte jusqu'à trois. Un… Deux… Trois… » Étienne lance alors le crayon d'Emmanuelle en riant. Toujours en souriant, Emmanuelle réplique : « Bravo Étienne ! Je ne savais pas que tu savais lancer des objets ! » Elle est allée chercher son crayon, puis est allée raconter son aventure à l'enseignante.

À ÉVITER !

* Te fâcher trop vite et « enguirlander » tes amis alors qu'ils ne voulaient pas te blesser.

* Transmettre des messages flous en espérant que les autres devinent ce qui te dérange.

* Prendre une toute petite voix, regarder tes pieds, prendre une attitude de victime.

* Crier, menacer, utiliser des insultes ou des mots vulgaires, frapper.

* Un peu d'humour et de sarcasme peuvent désamorcer une attaque, mais chercher à ridiculiser ou à humilier ton agresseur ne serait pas approprié.

* Chercher à te venger en harcelant l'autre à ton tour est aussi à proscrire. Ce serait devenir aussi un intimidateur et commencer une guerre de pouvoir inutile, qui risquerait d'envenimer les choses. Il faut donc doser l'ironie et l'arrogance…

* Aller tout de suite le dire à l'adulte sans essayer de régler la situation.

À l'école et à la maison, la plupart des situations entrent dans les catégories « vert » ou « jaune » et peuvent être réglées sans le soutien de l'adulte et sans devoir utiliser la force ou l'agressivité.

Toutefois, il existe des gens qui prennent plaisir à faire de la peine aux autres. Quand les blagues deviennent des insultes, quand les chicanes normales se transforment en situation d'intimidation, quand quelqu'un te fait du mal, tu dois savoir te défendre !

La violence ne doit JAMAIS être tolérée. Personne ne mérite d'être victime de violence…

FEU ROUGE! DÉFENSE

Tu fais face à une situation « feu rouge » si tu te sens attaqué ou blessé de façon importante, quand la situation continue malgré tes tentatives d'affirmation, quand la situation menace ta sécurité et qu'il y a de la violence.

Exemples :

- *Mathilde continue à faire des blagues sur ton nom, même après que tu lui aies demandé plusieurs fois d'arrêter parce que ça te fait de la peine.*
- *Carl te menace de ne plus être ton ami si tu ne fais pas ce qu'il veut.*
- *Un autre enfant t'insulte et te traite de noms.*

* *Sur le chemin de l'école, Maxime te menace de te frapper si tu ne lui obéis pas.*
* *Quelqu'un te frappe ou te pousse avec violence.*
* *Quelqu'un tente de te forcer à faire une chose que tu ne veux pas faire et qui n'est pas bonne pour toi.*

Comment réagir ?

Ne te laisse pas faire. Tu as le droit de te fâcher.

Tu dois réagir tout de suite ! STOP

Réagis aux insultes, à l'intimidation ou à la violence mineure en te tenant droit devant l'agresseur (ni trop loin, ni trop près) et en le regardant droit dans les yeux. Adopte une attitude ferme, mais non agressive.

Prends un ton ferme et lève le ton pour dire à l'agresseur que tu veux qu'il arrête. N'utilise pas de paroles menaçantes ou impolies, mais tu peux te permettre d'exprimer ta colère.

Exemples :

- *« Bon, je ne joue plus avec toi ! Joue tout seul ! »*
- *« Lâche-moi ! »,*
- *« Hé ! Arrête ! »*
- *« Redonne-moi le ballon ! Il est à moi ! »*

Éloigne-toi de celui qui t'agresse en marchant la tête haute, avec une attitude fière. Au besoin, tu peux aller parler de ce qui s'est passé avec un adulte.

Si la violence est importante, si on te frappe, tu peux crier, repousser l'autre et te sauver pour aller chercher l'aide d'un adulte. Si tu dois utiliser la force pour te dégager, n'utilise que le minimum de force nécessaire.

> Samuel, un garçon habituellement doux et calme, est en cinquième année. Un grand de sixième vient les narguer, lui et ses amis, et leur ordonne de lui laisser leur jeu. Devant le refus des garçons, le grand se met à bousculer Samuel et à le menacer de le frapper. Samuel résiste et lui crie de leur ficher la paix, mais l'autre le frappe d'un coup de poing au ventre. Samuel, qui fait du judo depuis deux ans, réussit à faire tomber le grand au sol et s'assoit dessus en attendant que ses amis aillent chercher un adulte. Il fait maintenant figure de héros dans l'école ! Il est fier de lui parce qu'il ne s'est pas laissé faire et il a été félicité par les enseignants pour n'avoir pas frappé son adversaire.

À ÉVITER!

* Rester l'ami de quelqu'un qui ne te respecte pas.
* Tolérer la violence sans te défendre.
* Regarder par terre, avoir l'air d'avoir peur, donner du pouvoir à celui qui cherche à te blesser.
* Prendre un ton pleurnichard : « Je vais le dire au professeur! »
* Pointer l'autre du doigt, adopter une attitude de défi, provoquer l'autre, proférer des injures ou des menaces, provoquer la bagarre.
* Utiliser toi-même la violence ou les menaces.
* Te venger de l'autre et alimenter la chicane en faisant comme lui.
* Ne rien dire à l'adulte de peur d'avoir l'air d'un rapporteur.

Comme tu as pu le voir dans tous ces exemples, aucun mot vulgaire n'a été utilisé. Il n'y a eu aucune insulte, aucun geste de vengeance, aucune violence gratuite. On peut parfaitement se défendre sans utiliser la violence. Ne t'abaisse pas au même niveau que ceux qui t'intimident. Montre-toi plus intelligent et plus rusé qu'eux.

TU VAUX MIEUX QUE CELA!

Il n'existe que quelques rares exceptions où il peut être pertinent de frapper afin de te défendre. Par exemple, si quelqu'un t'agresse alors qu'il n'y a pas d'adulte autour (par exemple sur le chemin de l'école), la seule façon pour toi de te sauver est peut-être de frapper. Je t'invite à discuter avec tes parents de ces circonstances exceptionnelles où il serait adéquat de crier, d'utiliser la force et les coups pour faire cesser une situation dangereuse pour toi.

À toi maintenant, de devenir un champion de l'affirmation !

RÉSUMÉ

En résumé, voici les différentes zones de ton « échelle d'affirmation ».

Cela ne vaut pas la peine de réagir. J'ignore.

Par mon attitude non verbale, je montre que je trouve la situation désagréable, mais je choisis de ne pas réagir.

Je demande poliment d'arrêter.

Je prends un ton plus ferme et je répète ma demande.

Je me fâche et je monte le ton : « Arrête ! »

Je vais le dire à un adulte.

Si je suis en danger, j'utilise la force nécessaire, je crie, je me sauve.

ZONE DE TOLÉRANCE

Ce n'est pas grave... Je laisse faire.

J'**ignore** la situation, je passe rapidement à autre chose... car je considère que ce n'est pas grave ou que l'autre n'a pas fait exprès.

Je **choisis** de ne pas réagir (je ne subis pas!)

Je peux regarder la personne dans les yeux et laisser mon comportement **non verbal** parler, lui montrer que je trouve la situation désagréable. C'est comme si je lui disais : « Je n'ai pas ENVIE de réagir, tu ne m'impressionnes pas! »

ZONE D'AFFIRMATION

Si je suis en colère, je prends le temps de me **calmer** et je prépare dans ma tête ce que je veux dire.

Je vais voir la personne et **je lui dis** calmement, mais fermement :

* ce qui me dérange, c'est quoi le problème (sans l'attaquer). Je parle au **« Je »**;
* mes **émotions** (si c'est approprié);
* ce que **JE VEUX** (pas seulement ce que je ne veux pas), mes besoins. Je mets une limite claire.

Au besoin, je redis mes **limites** avec un ton plus ferme.

ZONE DE DÉFENSE

Ça suffit !

Je me **protège,** sans attaquer l'autre.

Je me tiens **droit et solide,** je regarde l'autre dans les yeux avec un regard sévère.

D'un **ton très ferme** (sans crier), je lui dis clairement d'arrêter. (Phrase très courte et convaincante.)

Je m'en vais en **lieu sûr,** près d'un adulte ou de mes amis.

J'avertis un **adulte,** j'en parle et je ne garde pas ça pour moi.

En cas de violence, je crie, je me débats, j'utilise la force nécessaire pour me **défendre !** Je me sauve.

Quel degré d'affirmation utiliserais-tu dans ces situations ?

Avec tes parents ou en classe, propose une discussion autour des différentes réactions possibles dans les situations suivantes :

* *Quelqu'un passe devant toi dans une file à la cafétéria.*
* *Un élève t'insulte dans la cour d'école.*
* *Alors que tu es dans la cour de l'école, tu reçois un ballon en plein visage.*

* *Ta meilleure amie fait des blagues sur toi et cela te fait de la peine.*
* *Un inconnu te demande de monter avec lui en voiture en disant que ce sont tes parents qui l'envoient, car ils sont à l'hôpital.*
* *Tu joues à un jeu de société avec un ami et il triche.*
* *Un autre enfant de la classe t'accuse d'avoir triché à un jeu et ce n'est pas vrai.*
* *Tu es dans un magasin avec tes amis et l'un d'eux vole des bonbons.*
* *Quelqu'un t'offre de fumer une cigarette et te traite de « pissou » lorsque tu refuses.*
* *Ta meilleure amie se moque d'une autre élève et la traite de noms.*
* *Tu tombes sur la glace dehors et tout le monde rit.*
* *Dans un examen, ton voisin triche et regarde ta copie.*
* *Tu te fais garder et ta gardienne fait quelque chose qui te met très mal à l'aise.*
* *Au terrain de jeu, des garçons plus grands que toi refusent que tu joues dans un module, car ils disent qu'il est à eux.*
* *En allant à l'école, des plus grands te menacent et t'intimident afin que tu leur donnes ta casquette.*
* *Un adulte que tu aimes bien veut t'embrasser sur la bouche et tu n'en as pas envie.*
* *Deux de tes amis se chicanent et commencent à se battre.*
* *Tu trouves qu'un de tes amis ne sent pas bon.*
* *Tu veux devenir ami avec quelqu'un.*
* *Tu joues avec ton ami et un autre enfant veut se joindre à vous, mais tu n'as pas envie de jouer avec lui.*
* *Tu demandes à ton ami de jouer avec toi, mais il refuse, car il joue avec quelqu'un d'autre.*

À retenir :

* Tu dois t'affirmer selon la gravité et la fréquence de la situation.

* Tu dois te montrer tolérant devant les situations qui ne sont pas graves ou quand les gens font des choses qui te déplaisent sans le faire exprès.

* Tu dois bien expliquer à tes amis ce qui te dérange et le leur dire lorsqu'ils te font de la peine.

* Tu peux utiliser la méthode 1-2-3 quand les comportements des autres t'agacent.

* Tu as le droit de te fâcher et le devoir de te défendre quand les autres t'agressent volontairement. Tu ne dois pas tolérer la violence.

Rappelle-toi aussi qu'une bonne façon de prévenir l'intimidation est d'adopter des attitudes d'affirmation de soi tous les jours et de s'entourer d'amis.

Mais avant de VOULOIR des amis, assure-toi d'ÊTRE un bon ami !

Conclusion

En terminant, le meilleur conseil que je puisse te donner est de t'ENTRAÎNER. L'affirmation de soi est une aptitude qui se développe progressivement. Chaque fois que tu feras preuve d'affirmation, tu enrichiras un peu plus ta confiance en toi et, lentement, tu adopteras spontanément des paroles et des attitudes plus assurées. Si tu le souhaites, tu peux demander à tes parents et à quelques-uns de tes bons amis de te faire des commentaires sur ton attitude et de t'encourager dans la bonne voie. Vas-y ! Tu peux y arriver.

Bonne chance !

RESSOURCES UTILES

Si tu as besoin d'aide, n'hésite pas.
Appelle ou visite les ressources suivantes
en ligne. C'est confidentiel et gratuit.

Jeunesse, J'écoute
1 800 668-6868
www.jeunessejecoute.ca

Tel-jeunes
1 800 263-2266
www.teljeunes.com

© ÉDITIONS MIDI TRENTE inc.
www.miditrente.ca